MODELUL DE CREȘTERE GREINER PENTRU SCHIMBAREA ORGANIZAȚIONALĂ

INFORMAȚII CHEIE

- **Nume:** Modelul de creștere Greiner, Modelul Greiner de creștere organizațională.

- **Utilizări:** Gestionarea crizelor într-o companie, definirea strategiei și modelarea creșterii organizaționale.

- **De ce are succes?**

  - Modelul este predictiv din punct de vedere teoretic. În funcție de sectorul de activitate al întreprinderii și de evoluția factorilor de mediu, acesta permite utilizatorilor să localizeze și să anticipeze următoarea criză (schimbare structurală sau funcțională) cu care organizația va trebui să se confrunte.

  - Acesta permite utilizatorilor să identifice anumiți indicatori din trecutul organizației care sunt esențiali pentru succesul viitor al acesteia.

  - Înțelegerea modului în care funcționează companiile cu creștere rapidă (startup-uri) este mai ușor de înțeles.

MODELUL DE CREȘTERE GREINER PENTRU SCHIMBAREA ORGANIZAȚIONALĂ

Anticiparea crizelor și adaptarea la o lume a afacerilor în schimbare

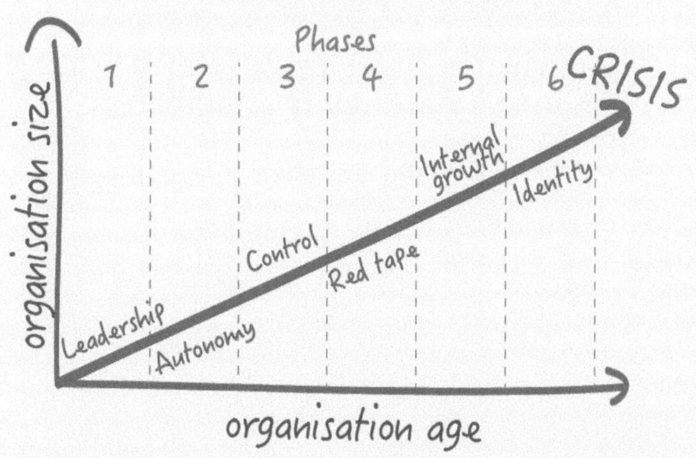

MODELUL DE CREȘTERE GREINER PENTRU SCHIMBAREA ORGANIZAȚIONALĂ

Anticiparea crizelor și adaptarea la o lume a afacerilor în schimbare

scris de Jean Blaise Mimbang
tradus de Alina Dobre

- **Cuvinte cheie:**

  - <u>Schimbarea organizațională</u>: Procesul de transformare a structurii într-un anumit context.

  - <u>Ciclul de viață organizațional</u>: Toate fazele, de la creare până la o eventuală încetare, prin care trece o companie.

INTRODUCERE

> *"Istoria oricărei părți a Pământului, ca și viața unui soldat, constă în perioade lungi de plictiseală și perioade scurte de teroare."*

Acest citat al geologului britanic Derek V. Ager, citat de Stephen Jay Gould (paleontolog american, 1941-2002) în cartea sa *The Panda's Thumb* (1982), ar putea, prin extensie, să fie aplicat oamenilor și întreprinderilor. Într-adevăr, la fel ca și oamenii, întreprinderile sunt organizații complexe care suferă diverse schimbări pe parcursul existenței lor. Aceste schimbări implică perioade de criză mai mult sau mai puțin semnificative care pot amenința însăși supraviețuirea organizației.

În fața realității economice actuale a globalizării, toate întreprinderile trebuie să facă față provocării competitivității. Companiile care reușesc să facă față acestei provocări sunt cele care gestionează și anticipează cel mai bine momentele de schimbare și următoarele etape de dezvoltare a companiei.

În funcţie de sectorul de activitate al organizaţiei şi de factorii de mediu, modelul conceput de Larry E. Greiner (universitar american, născut în 1933) permite unei întreprinderi să vizualizeze în ce fază se află în prezent şi să anticipeze următoarea criză cu care va trebui să se confrunte, pentru a o transforma într-o oportunitate pentru o nouă fază de creştere.

ISTORIE

Teoriile legate de schimbările organizaţionale au fost dezvoltate încă din perioada postbelică, fiind comparate şi asociate cu cele trei perioade economice majore care au avut loc după 1945 (Desreumaux, 1996).

- Prima perioadă a început după război şi s-a încheiat la începutul anilor 1970. Ea corespunde unei faze de creştere economică globală puternică, care a dus la un sistem în echilibru.

- Cea de-a doua perioadă a început odată cu declanşarea crizelor petroliere din anii 1970 şi a durat până la criza economică de la începutul anilor 1980. În timpul acestei etape, caracterizată de o rată ridicată a mortalităţii în afaceri şi de schimbări organizaţionale semnificative, a apărut modelul de creştere Greiner în 1972.

- Cea de-a treia şi ultima perioadă identificabilă se întinde de la începutul anilor 1990 până în prezent. Contextul economic al acestei faze de schimbări constante este caracterizat de turbulenţe şi imprevizibilitate.

DEFINIREA MODELULUI

Potrivit lui Larry E. Greiner, pe parcursul existenței sale, o companie trece prin cinci faze de creștere bine definite, intercalate de cinci momente-cheie cunoscute sub numele de "crize". Trecerea de la o fază la alta se realizează prin adaptări structurale care marchează natura evolutivă a sistemului organizațional.

Fazele schimbării depind de factorii interni (vârstă, dimensiune, faze de creștere și revoluție etc.) și externi (concurență, localizare geografică, rata de creștere a industriei etc.) ai organizației. Cele cinci faze de creștere sunt:

- creativitate;

- direcția;

- delegație;

- coordonare;

- colaborare.

Aceste faze sunt potențial intercalate de cinci crize: conducere, autonomie, control, birocrație și creștere.

TEORIE

CICLURILE DE VIAȚĂ

La fel cum o organizație trece prin faze de schimbări mai mult sau mai puțin semnificative care îi pot pune în pericol supraviețuirea de-a lungul istoriei sale, oamenii se dezvoltă treptat în timp, trecând prin perioade de criză care pot duce la dispariția lor.

Ciclul biologic de viață

Ciclul biologic de viață corespunde perioadei de timp în care se desfășoară întreaga viață a unui organism, începând cu concepția sa. În general, ciclul biologic al vieții începe cu nașterea, urmată de o perioadă de creștere care duce la maturitate, înainte de o eventuală perioadă de declin și, în cele din urmă, de moarte. În funcție de ciclul de viață studiat, terminologia este diferită, deși procesul rămâne comparabil.

Putem ilustra acest lucru folosind exemplul ciclului biologic al vieții umane:

- Concepția este urmată de naștere și copilărie. Aceasta este "perioada de lansare".

- Apoi vine adolescența, caracterizată prin proliferarea diferitelor experiențe în interiorul și în afara cercului familial și care corespunde fazei numite "creștere". În această perioadă, ființa umană își construiește personalitatea cât de bine poate prin încercări şi erori: creşte şi dobândeşte noi cunoştinţe şi abilităţi în fiecare zi. În timpul acestei faze de creştere, îşi descoperă, de asemenea, talentele şi slăbiciunile, care îl determină să îşi aleagă o profesie, dar şi sentimentele şi emoţiile, cum ar fi dragostea. Toate acestea reprezintă o schimbare pozitivă în viaţa lor.

- În cele din urmă, evenimentele care inhibă creşterea, cum ar fi pensionarea şi bătrâneţea, apar în mod inevitabil, marcând tranziţia către faza de declin. Această "decădere" duce la moarte, care este inevitabilă pentru toate organismele vii.

Afacerile: o serie de cicluri de viaţă

La prima vedere, am putea crede că o companie are un singur ciclu de viaţă. Cu toate acestea, nu este deloc aşa. Compania se află adesea la răscruce, deoarece trece prin mai multe cicluri de viaţă diferite, inclusiv cicluri de viaţă materiale (ciclul de viaţă al produsului, ciclul de viaţă al tehnologiei sau ciclul de viaţă al marketingului), cicluri de viaţă umane şi sociale (ciclul de viaţă al personalului şi ciclul de viaţă al organizaţiei) şi ciclul de viaţă al activităţii pe care o gestionează în mod independent.

- Conceptul de **ciclu de viaţă al produsului este** utilizat în mod regulat de către profesioniştii în marketing, deoarece fiecare produs îşi urmează propriul ciclu de viaţă. Acest ciclu are, de obicei, patru faze: lansare, creştere, maturitate şi declin. Cu toate acestea, unii analişti adaugă o a cincea fază, deoarece înainte de a lansa un produs – la fel ca în cazul dezvoltării embrionare la oameni – compania face studii de piaţă, produce prototipuri etc. Această fază suplimentară este faza de dezvoltare şi are ca scop reducerea riscului de eşec în timpul lansării produsului.

- **Ciclul de viaţă comercial** este similar cu ciclul de viaţă al produsului, singura diferenţă fiind că a patra fază corespunde unei potenţiale relansări.

- **Ciclul de viaţă al tehnologiei. La** fel ca şi produsele, tehnologia are propriul ciclu de viaţă care cuprinde patru faze: tehnologie timpurie, tehnologie emergentă, tehnologie cheie şi tehnologie de bază.

- **Ciclul de viaţă al personalului. În ceea ce priveşte** personalul, există, de asemenea, un ciclu de viaţă bazat pe carierele angajaţilor individuali. Acest ciclu începe cu recrutarea, care este urmată de creştere (inclusiv formare, promovare etc.), maturitate (în acest moment angajatul este mai în vârstă, astfel încât va fi necesar să se caute un înlocuitor pe termen mediu) şi se încheie cu declinul (concediere, pensionare etc.).

- **Ciclul de viaţă organizaţional sau de afaceri, pe** care Greiner îl reprezintă ca un proces de creştere în cinci faze.

SCHIMBAREA ORGANIZAŢIONALĂ

Reamintim că schimbarea organizaţională este definită prin raportare la un anumit context sau situaţie. Ea poate fi definită, de asemenea, în contrast cu continuitatea.

Modele de creştere

Teoriile privind ritmul schimbărilor organizaţionale au evoluat considerabil de la sfârşitul anilor 1950. Pentru a facilita analiza diferitelor tipologii structurale, putem analiza concluziile lui Alain Desreumaux (universitar francez, născut în 1944) în cartea sa din 1996 *Nouvelles formes d'organisation et évolution de l'entreprise* (*Noi forme de organizare şi evoluţie a întreprinderii*).

Autorul utilizează dimensiunile "nivelul de control al actorilor" (cu o distincţie între "determinism" şi "voluntariat") şi "localizarea factorilor" (distingând factorii "endogeni" şi "exogeni" ai schimbării; unii teoreticieni consideră că mediul nu este doar motorul schimbării, ci şi elementul de selecţie în organizaţii).

Matricea lui Desreumaux oferă o imagine de ansamblu a principalelor teorii referitoare la ritmul schimbărilor organizaţionale.

* **Determinismul.** Principalele caracteristici ale mişcărilor legate de determinism sunt capacitatea de inerţie a organizaţiei şi rolul puternic al mediului în schimbarea structurilor acesteia. Într-adevăr, mediul acţionează ca un instrument de selecţie pentru organizaţiile care nu şi-au dezvoltat flexibilitatea şi, prin urmare, capacitatea de a se adapta la schimbare. În această şcoală de gândire, schimbarea este suportată – atât de angajaţi care, de exemplu, se pot trezi concediaţi peste noapte, cât şi de companii care nu pot asigura echilibrul financiar. Dimensiunile istorice şi culturale, rezistenţa naturală a omului la schimbare,

teama de necunoscut etc. sunt considerate obstacole majore în calea reorganizării companiei. Această viziune neo-darwiniană încearcă să arate limitele capacității de adaptare a organizaţiilor. Potrivit unei viziuni radicale, întruchipată de sociologii americani Michael T. Hannan şi John H. Freeman (1977), liderii nu au niciun control asupra mediului, în timp ce viziunea mai puţin deterministă, susţinută de Jeffrey Pfeffer (specialist în comportament organizaţional, născut în 1946) şi Gerald R. Salancik (teoretician al organizaţiilor, 1943-1996) în 1978, atribuie liderilor un rol simbolic în perioadele de schimbare.

- **Voluntariatul.** Mişcarea de voluntariat se caracterizează prin capacitatea participanţilor de a crea o dinamică de schimbare în cadrul organizaţiei. Motorul schimbării provine aici din rolul proactiv al cadrelor care au capacitatea – şi voinţa – de a schimba organizaţia. Soarta acesteia se află în mâinile executivului şi ale celor care deţin puterea. Principalul reprezentant al acestei şcoli de gândire este John Child (teoretician al managementului şi al organizaţiei, 1972). Schimbarea organizaţională este percepută ca un instrument controlat de către executivi, care a făcut obiectul unei anticipări strategice proactive, realizată în mod gradual şi continuu. Puterea strategică şi organizaţională se bazează pe dorinţa de schimbare a executivilor şi pe capacitatea lor de a fi recunoscuţi ca fiind legitimi: acest tip de executiv este descris în prezent ca fiind un "lider inspiraţional". Tendinţa teoriei alegerii strategice include teoriile planificării strategice ale lui Gerry Johnson (profesor de management strategic, 1987) și Alain-Charles Martinet (profesor francez de științe ale managementului și management al afacerilor). Potrivit acestor doi autori, ritmul schimbării poate lua o direcție revoluționară datorită capacității liderului de a impune termene limită pentru schimbări în cadrul organizației. Schimbarea și, în consecință, transformarea structurilor sociale, este rezultatul unei interacțiuni continue între diferiți indivizi (inteligență colectivă care permite luarea în considerare a unor noi soluții). Ea poate fi înțeleasă ca "o repetare a formulării obiectivelor, a dezvoltării, a modificării și a interacțiunii dintre actori"[1] (Giordano, 1995). Cu toate acestea, nu există o secvență fixă și este dificil să se prevadă sau să se identifice perioadele de criză în structura organizației.

Dezvoltarea organizației

În general, se consideră că patru faze marchează dezvoltarea organizației: faza stabilă și continuă, faza de creștere fără schimbări profunde, faza de schimbare necontrolată și faza de transformare profundă a organizației.

- **Stabilitate și continuitate.**

- **Apariția schimbărilor incrementale:** în această perioadă, schimbările continue permit organizației să evolueze fără a perturba întreaga sa structură. Factorii determinanți de bază ai organizației constau,

....

1. Acest citat a fost tradus de 50Minutes.com.

în principal, în istoria companiei, cultura acesteia şi structura organizaţională existentă. Schimbarea organizaţională este iniţiată în principal de factori endogeni. Fazele de creştere au fost descrise ca faze de revitalizare de către academicienii canadieni Henry Mintzberg şi Frances Westley în 1992. În exemplul dezvoltat de Desreumaux, aceasta corespunde perioadei de creştere economică dintre 1945 şi 1973.

- **Haos.**

- **Revoluţia structurală**: procesele revoluţionare de schimbare organizaţională corespund adesea unor faze de presiune ridicată din partea mediului extern care determină organizaţiile să evolueze într-un ritm rapid, cu riscul de a dispărea. Organizaţia este atunci împinsă până la limitele capacităţii sale de a accepta schimbarea. Pentru Desreumaux, aceste faze au apărut odată cu convulsiile economice legate în parte de crizele petroliere de la mijlocul anilor 1970. Ele corespund unor faze care implică o punere sub semnul întrebării a modelelor de afaceri, a fundamentelor managementului organizaţiei şi a structurii de bază a organizaţiei. Aceasta din urmă este caracterizată de o rezistenţă puternică la schimbare din partea indivizilor şi a grupurilor de indivizi.

Pentru a depăşi această fază revoluţionară, pe care Mintzberg şi Westley (1992) o numesc "perioadă de redresare", organizaţiile vor trebui să se concentreze în primul rând pe gestionarea a două elemente-cheie, şi anume criza şi urgenţa. În acest moment, ele trebuie să distrugă trecutul pentru a construi viitorul.

👁 Rezistenţa la schimbare

În perioadele de criză, schimbarea poate fi percepută de către indivizi ca un eveniment dramatic. În cazul în care comunicarea nu este clară, aceştia se pot simţi ameninţaţi, se pot teme de incertitudine şi îşi pot manifesta opoziţia spontană (de exemplu, prin greve). Rezistenţa la schimbare este o reacţie firească a indivizilor care caută să se protejeze şi, în acest fel, să se apere împotriva oricărei puneri în discuţie a echilibrului şi a stabilităţii organizaţiei, care ar putea pune în pericol propria lor funcţie şi/sau legitimitate. Numeroşi teoreticieni, printre care Jeffrey Pfeffer şi Gerald R. Salancik, explică mecanismele rezistenţei la schimbare (mecanisme de blocaj psihologic şi social ca răspuns la incertitudine etc.).

Connie Gersick (specialist în comportament organizaţional, 1991) subliniază importanţa luării în considerare a istoriei întreprinderii pentru a analiza limitele capacităţii de schimbare a acesteia. În plus, potrivit lui Nils G.M. Brunsson (economist suedez, 1982), procesul de schimbare revoluţionară este caracterizat de o schimbare de perspectivă din partea organizaţiei, ceea ce creează incertitudine, demotivare şi împiedică procesul de schimbare să fie incremental.

ABORDĂRI PROGRESIVE ALE CICLULUI DE VIAŢĂ

După cum am văzut, această abordare darwiniană este inspirată din biologie: organizaţia este văzută ca un organism viu, iar creşterea este considerată un fenomen natural. Din această perspectivă, schimbarea organizațională implică o serie de schimbări incrementale cumulative. Organizația poate accepta schimbarea atâta timp cât aceasta este limitată, în timp ce schimbările semnificative sunt rezultatul acumulării neobservate de mici modificări. Această teorie definește viziunea tradițională a schimbării ca fiind un proces gradual și incremental, structurat în jurul unor secvențe logice numite faze. Principalul susținător al acestei teorii, James B. Quinn (1980), consideră că schimbarea este suma mai multor evenimente mici care se influențează reciproc.

Teoria ciclului de viață este relativ veche și este utilizată pe scară largă în literatura managerială. În unele cazuri, ea poate fi aplicată mai mult la schimbările organizaționale decât la cele strategice.

Mintzberg și Westley au observat în 1983 că ciclul de viață al unei organizații este structurat în jurul a cinci faze. Prima fază este etapa de dezvoltare, întruchipată de un lider vizionar care stabilește obiective. A doua fază este etapa de stabilitate, caracterizată prin planificarea structurii organizaționale, punerea în aplicare a procedurilor și structurarea organizației. Aceasta este urmată de etapa de adaptare, care este marcată de modificări minore ale structurii și strategiei organizaționale, spre deosebire de etapa de luptă. Aceasta din urmă forțează organizația să găsească o nouă direcție strategică. Se observă apoi dezordine, provocări, jocuri de putere și o punere sub semnul întrebării a structurii actuale în cadrul organizației. Stadiul de revoluție include schimbări care afectează strategia, cultura, structurile şi indivizii din companie. Mintzberg este interesat de schimbările incrementale şi recunoaşte existenţa unor perioade de schimbări bruşte, scurte şi intense în cadrul organizaţiei.

MODELUL DE CREŞTERE AL LUI LARRY E. GREINER

Pentru a descrie istoria dezvoltării companiei, Larry E. Greiner (1972) sugerează identificarea indicatorilor din trecutul organizaţiei care ar putea fi cruciali pentru succesul viitor al acesteia.

Greiner consideră că este important să se cunoască istoria companiei pentru a identifica factorii cheie de succes şi performanţa economică în timp. El susţine că oportunităţile pieţei externe determină strategia unei companii, care, la rândul ei, determină structura organizaţiei. Această structură este esenţială pentru creşterea viitoare a companiei.

Potrivit acestuia, fiecare organizaţie trece prin cinci faze bine definite pe parcursul existenţei sale. Fiecare fază este caracterizată de o schimbare treptată, urmată de o criză de tranziţie sau de o scurtă perioadă de revoluţie. Rezolvarea acestei crize este cea care permite companiei să treacă la faza următoare.

Faza de creativitate

Această primă fază corespunde lansării companiei pe o piaţă în creştere de către fondatori care sunt adesea tehnicieni sau antreprenori, nu neapărat lideri sau chiar manageri.

Comunicarea în cadrul organizaţiei este frecventă şi informală, fondatorii şi angajaţii iniţiali nu-şi numără orele de lucru şi sunt, în general, mulţumiţi cu salarii modeste. Motivaţia principală este lansarea cu succes a unui proiect. Responsabilităţile lor nu sunt întotdeauna clar definite, fiecare dintre ei are mai multe roluri diferite de jucat şi îşi duc la bun sfârşit provocările zilnice cu entuziasm, adesea prin intermediul unor mecanisme de luare a deciziilor colegiale: ei participă activ la construcţia organizaţiei. Riscul în această etapă se referă la angajamentele şi plecările membrilor organizaţiei (conceptul de *affectio societatis*), deoarece nu este nevoie de prea mult pentru a dezechilibra noua structură.

AFFECTIO SOCIETATIS

Acest termen latin se referă la relaţia dintre persoanele care participă în comun la capitalul unei societăţi: împreună investesc, iau decizii, împart beneficiile şi riscurile etc. Cel mai important, *affectio societatis* asigură o anumită armonie, care, în mod logic, ar trebui să dureze atâta timp cât societatea este activă. Din păcate, acest lucru nu se întâmplă întotdeauna.

Această situaţie duce la o **criză de leadership**. Aceasta apare atunci când întreprinderea, după ce a crescut şi a prosperat, trebuie să îşi restructureze operaţiunile în ceea ce privește producția de bunuri și servicii, contabilitatea, gestionarea resurselor umane etc., conform principiului "specializării funcțiilor". În mod rezonabil, fondatorii nu pot dispune de toate competențele necesare și, potrivit lui Greiner, nu sunt în măsură să motiveze noii angajați în același mod ca echipa inițială. În plus, este posibil ca aceștia să nu fie cu adevărat manageri eficienți și profesioniști și ar putea să nu aibă capacitatea de a înțelege deciziile complexe de management.

Soluția la această criză este de a angaja manageri cu experiență care să știe cum să implementeze structurile funcționale necesare. Totuși, această operațiune vine cu riscuri, deoarece fondatorii și angajații inițiali pot fi tentați să păstreze spiritul inițial și caracterul informal al organizației (dorința de a păstra puterea, criza de stimă de sine cauzată de recunoașterea limitelor lor etc.).

Faza de direcție

O persoană a preluat puterea și conduce organizația, permițându-i acesteia să își continue creșterea într-un mediu mai formal și să se concentreze pe diferite activități, cum ar fi marketingul și producția. Încep să apară stimulente financiare pentru a motiva indivizii.

Cu toate acestea, vine un moment în care produsele și procesele devin atât de numeroase încât este imposibil pentru o singură persoană să le gestioneze pe toate într-o singură zi. Uneori nu există suficient timp; alteori, fluxul de informații (produse și servicii) de procesat este prea mare. Ca urmare, organizația intră într-o nouă perioadă de criză: autonomia. **Criza autonomiei** este legată de necesitatea de a crea noi structuri bazate pe delegare, dar și de problemele de finanțare legate de creștere.

Soluția la această criză implică nu numai o restructurare a organizației bazată pe delegarea responsabilităților de conducere către alți membri ai companiei, ci și intrarea de capital intern și/sau extern în organizație.

Faza de delegare

Soluția la criza de autonomie duce la delegarea puterii de la conducerea superioară către managerii intermediari. Acești manageri sunt liberi să reacționeze rapid la oportunitățile și amenințările generate de noile produse, piețe, concurenți, tehnologii și dorințele și așteptările clienților. În acest fel, organizația continuă să se dezvolte.

Persoanele care injectează capital nu conduc neapărat ele însele compania. În cele mai multe cazuri, aceștia numesc un agent care să îi reprezinte și să asigure utilizarea eficientă a capitalului lor.

Această delegare poate duce apoi la o **criză de control**. Directorului general, care dorește să continue să rezolve singur problemele fundamentale ale organizației, îi este greu să renunțe la ele. Cu toate acestea, structura organizației a devenit prea mare pentru un singur lider.

Astfel, din orgoliu, mulți fondatori provoacă, fără să vrea, prăbușirea organizațiilor lor.

Soluția la această criză necesită o delegare atentă, care implică crearea de posturi de șefi de departament și de noi birouri (departamente sau filiale). Pentru a merge mai departe, va fi necesar să redefinim în mod clar obiectivele, sarcinile și responsabilitățile noilor conducători și să îi sprijinim în noile lor misiuni.

Faza de coordonare

Creșterea continuă cu unități de afaceri (departamente sau filiale, în funcție de statutul lor juridic) separate și reorganizate în grupuri de produse, servicii și resurse. În mod ideal, obiectivele sunt împărtășite de întreaga companie, în timp ce diferitele departamente, care au și ele propriile obiective, se bucură de o autonomie relativă.

Birocrația devine atât de semnificativă încât costurile au un impact negativ asupra creșterii organizației. Prin această creștere, formalitățile administrative întunecă misiunea principală a organizației. Ca atare, această fază poate duce la o **criză de birocrație sau de birocrație**, caracterizată printr-o pierdere de flexibilitate.

Pentru a depăși această criză, compania va trebui să stabilească o nouă cultură – concentrându-se pe viziunea și sarcinile cheie ale companiei – și să introducă o nouă structură, mai flexibilă, mai adaptată și mai motivantă.

Faza de colaborare

În interesul reducerii costurilor și al maximizării profiturilor, fazele de conducere și coordonare sunt conduse de o nouă conducere, inspirată și motivantă, care încurajează organizația să se reorienteze asupra priorităților sale. Promovările, rotația posturilor și formarea profesională permit oamenilor să exceleze la locul de muncă. Această fază se încheie cu o criză de creștere internă. În sens mai larg, Greiner a sugerat că creșterea prin colaborare poate provoca o criză viitoare, dar aceasta a rămas nedefinită în 1972.

Evoluții viitoare

Recent, Greiner a adăugat o a șasea fază la modelul său original. El sugerează că o creștere suplimentară va veni doar prin externalizarea (dezvoltarea de parteneriate cu organizații complementare) activităților secundare ale organizației.

Această a șasea etapă, care permite creșterea prin soluții extraorganizaționale, are o serie de avantaje majore:

- o reorientare a competențelor de bază ale companiei către activitatea sa principală;

- o reducere a dimensiunii și complexității managementului (downsizing);

- limitarea costurilor (mai puține costuri fixe legate de personal și mai multe costuri comerciale, care pot fi afectate de concurență);

- asigurarea calității (furnizorul de servicii dorește să își mențină poziția);

- o mai mare flexibilitate pentru companie, care îşi poate schimba partenerii din amonte (furnizori) şi din aval (distribuţie) în funcţie de propriile strategii de dezvoltare.

INTERPRETAREA SISTEMULUI DE DEZVOLTARE A ÎNTREPRINDERILOR

Fiecare organizaţie cunoaşte perioade de relativă stabilitate şi perioade de criză. Oamenii, structurile şi procedurile care păreau potrivite atunci când compania a ajuns la o anumită dimensiune sau vârstă nu mai sunt adecvate atunci când organizaţia creşte şi se maturizează. Conducerea, conştientă de trecutul organizaţiei lor, poate, prin urmare, să prevadă criza viitoare, să se pregătească pentru ea prin luarea de măsuri adecvate pentru stadiul de dezvoltare atins şi, astfel, să transforme o situaţie critică în punctul de plecare al unei noi faze de creştere.

Nu toate organizaţiile au trecut încă prin aceste cinci faze. Unele, dacă devin stabile la o anumită dimensiune şi complexitate, pot rămâne pe termen nelimitat în faza corespunzătoare. Doar companiile gigant europene şi mai ales cele americane se află în prezent în ultima fază a modelului de creştere Greiner. Cu toate acestea, orice organizaţie care se dezvoltă ar trebui să treacă prin aceste perioade succesive de acalmie şi de criză, viteza cu care se trece de la o fază la alta depinzând de ritmul în care se dezvoltă compania şi industria sa.

În cazul unui start-up (o companie inovatoare cu un mare potențial de dezvoltare care necesită investiții semnificative pentru a finanța creșterea rapidă), dacă antreprenorul dorește să își transforme ideea în realitate și să ofere produsul sau serviciul pe piață, trebuie să dispună nu numai de resurse financiare, ci și de competențele de management necesare pentru lansarea, dezvoltarea și durabilitatea afacerii. Procesul de dezvoltare a unui start-up poate fi defalcat după cum urmează:

naşterea unei idei şi căutarea de parteneri şi/sau colegi;

înfiinţarea proiectului într-o zonă necunoscută, precum şi fazele de informare şi promovare;

interesul publicului pentru produsul sau serviciul oferit şi începutul gestionării stocurilor şi a problemelor de aprovizionare;

delegarea de autoritate către manageri cu experiență, în urma dezvoltării companiei;

compania devine "prea mare", ceea ce duce la probleme birocratice care împiedică dezvoltarea companiei; dacă nu se face nicio schimbare în strategie, aceasta poate duce la declinul ei.

Utilizarea corectă a modelului de creştere Greiner le permite liderilor să anticipeze următorii paşi şi să asigure durabilitatea organizaţiei, ştiind că întreprinderile nou înfiinţate se bucură de obicei de patru până la opt ani de creştere continuă, fără probleme economice majore sau tulburări interne grave.

LIMITĂRI ȘI EXTINDERI

LIMITĂRI ȘI CRITICI

Scopul modelului de creștere Greiner este de a avertiza liderii de afaceri cu privire la existența probabilă a crizelor cu care se va confrunta compania lor pe parcursul creșterii sale. Cu toate acestea, această teorie are limitele sale și s-a confruntat cu o serie de critici:

- În primul rând, deși este adevărat că multe organizații încep, de obicei, cu structuri organice nesofisticate și sfârșesc cu structuri foarte sofisticate, ar fi nerezonabil să pretindem că toate organizațiile trec în mod necesar prin fiecare dintre aceste faze. Unele întreprinderi stagnează, regresează sau sar etape, în timp ce altele sunt cumpărate de companii mai mari sau dau faliment.

- În al doilea rând, acest scenariu de creștere a companiei rămâne prea teoretic. Până în prezent, niciun studiu nu a identificat cu exactitate pragurile critice în care se declanșează crizele. Cu alte cuvinte, acest model este mai degrabă un cadru de analiză decât un instrument operațional.

- Modelul de creștere Greiner nu aruncă nicio lumină asupra factorilor determinanți ai schimbării sau asupra proceselor de schimbare în sine. Mai mult, acesta nu explică cauzele eșecului, motivele care stau la baza schimbării sau modul în care se dezvoltă crizele.

- Modelul nu permite utilizatorilor să analizeze faza care urmează maturității, care este stadiul în care se află majoritatea întreprinderilor actuale.

- În cele din urmă, autorul nu ia în considerare în analiza sa interacțiunile dintre diferitele părți ale organizației sau caracterul aleatoriu al ritmului de schimbare.

MODELE ȘI EXTENSII CONEXE

Modelul echilibrului punctat

Acest model se bazează pe dimensiunea istorică, acordând liderului un rol limitat în gestionarea schimbării. În acest sens, este similar cu școala de gândire a voluntariatului, în sensul că consideră că majoritatea sistemelor au limite în ceea ce privește schimbările acceptabile. Dincolo de aceste limite, creșterea companiei suferă o reorganizare fundamentală. Acest lucru este contrar modelului creat de Greiner.

Gânditorii din spatele modelului echilibrului punctat au fost Elaine Romaneli (profesor de management strategic și antreprenorial) și Michael L. Tushman (specialist în management strategic) în 1983. Aceștia afirmă că o organizație cunoaște perioade lungi de stabilitate intercalate cu perioade de reorientare strategică care sunt traumatizante pentru companie și pentru părțile interesate. Ei caracterizează structura de bază a companiei în funcție de cele cinci dimensiuni ale valorilor companiei:

- produse;

- piețe și tehnologii;

- distribuția puterii în cadrul organizației;

- structura organizatorică;

- natura și tipul de control.

Principalul susținător al teoriei echilibrului punctat este Connie Gersick, care încearcă să confirme aplicabilitatea acestei teorii în domeniul managementului și al biologiei, la diferite niveluri de analiză: indivizi, grupuri de indivizi și întreprinderi.

Alte extensii

Pentru a analiza în detaliu procesele operaționale ale schimbării organizaționale, expertul financiar David Marsh (născut în 1952) a dezvoltat o teorie a schimbării care se concentrează pe viața de zi cu zi a organizației.

Potrivit lui Andrew Pettigrew (profesor de strategie și organizare la Universitatea din Oxford, născut în 1944), schimbarea nu ar trebui privită ca un moment specific între două perioade de stabilitate, ci ca un element prezent în mod constant, care este mai vizibil în perioadele de criză. Pentru autor, procesul de schimbare organizațională poate fi înțeles prin examinarea culturii și politicii companiei. El subliniază faptul că schimbarea organizațională este formalizarea unui proces gradual, care nu este vizibil sau planificat.

În plus, Henry Mintzerg (1992) consideră că există un consens conform căruia generalizările sunt mai puțin valoroase decât evidențierea cazurilor, circumstanțelor și contextelor în care se confirmă ipotezele. Schimbarea vine de la nivelurile superioare ale organizației și este pusă în aplicare de nivelurile inferioare ale acesteia.

APLICAȚIE PRACTICĂ: KODAK

În ianuarie 2012, o criză a zguduit lumea fotografiei, când unul dintre cei mai importanți producători de aparate foto, Kodak, și-a declarat falimentul. Cu toate acestea, totul începuse bine pentru Eastman Kodak Company.

FAZA DE CREATIVITATE

În urma cercetărilor efectuate de fondatorul său, George Eastman (industriaș american, 1854-1932), grupul Kodak a depus în 1885 o cerere de brevet pentru metoda și aparatul de producere a plăcilor de emulsie (suport fotografic pentru obținerea de fotografii de calitate). Cu sloganul "Tu apeși pe buton, noi facem restul", faimoasa marcă Kodak a apărut pentru prima dată în 1888, când au fost lansate în Statele Unite primele aparate foto care foloseau peliculă fotografică. Din acel moment, compania a fost recunoscută ca fiind inovatoare: a comercializat și a popularizat în întreaga lume aparatele foto care folosesc peliculă fotografică și aparatele foto de buzunar pliabile.

Această fază de creștere a dus la criza de conducere. Cu multe fabrici și mii de angajați în întreaga lume, William G. Stuber (manager american, 1864-1959) l-a înlocuit pe George Eastman la conducerea grupului Kodak și a rămas în această funcție până în 1934. Mai mulți alți manageri experimentați l-au urmat apoi.

FAZA DE DIRECȚIE

Până în 1960, Kodak avea aproape 80 000 de angajați. Creșterea exponențială a companiei a continuat cu numeroase invenții, printre care se numără și camera digitală dezvoltată în 1975 de inginerul american Steve Sasson (născut în 1950). Acest produs a fost comercializat prost sau nu a fost comercializat deloc, de teamă să nu dăuneze profitabilei piețe a filmelor fotografice, pe care Kodak o domina. Pentru mulți observatori, tocmai această digitalizare a fost cea care avea să provoace ulterior prăbușirea companiei multinaționale. Cu vânzări de peste 10 miliarde de dolari în 1981, compania era cunoscută nu numai pentru aparatele foto, ci și pentru utilizarea imaginilor în domeniile petrecerii timpului liber, telefoanelor, științei, divertismentului și comerțului.

Pentru a-și consolida influența, Kodak a încheiat un parteneriat cu *Compagnie Générale des Établissements Pathé Frères Phonographes & Cinématographes*, deținută de Charles Pathé (pionier francez al industriei cinematografice și de înregistrare, 1863-1957). Din această asociere a rezultat compania Kodak-Pathé și va sta la baza mai multor producții cinematografice.

Compania a continuat să investească în cercetare și dezvoltare și, prin urmare, a angajat mai mulți ingineri, dar și mai multe niveluri de management. Acest lucru a creat o diviziune între conducere și laboratoarele de cercetare, ceea ce a dus la unele decizii strategice nefericite. Managerii nu au permis comercializarea unor inovații revoluționare (senzori de imagine CCD, raze X digitale, fotografie digitală etc.) de teama de a nu periclita marjele ridicate obținute din vânzarea de filme fotografice.

Kodak s-a confruntat cu o criză de autonomie: mulți ingineri au părăsit compania pentru a-și comercializa invențiile în altă parte, cu acordul fostului angajator.

FAZA DE DELEGARE ȘI COORDONARE

În ciuda unui ușor declin, creșterea companiei a continuat datorită resurselor financiare considerabile (pentru fiecare dolar de film fotografic Kodak vândut, cercetarea primea cinci cenți).

O criză de control era acum în curs de desfășurare: în laboratoare se instaura o atitudine de relativ laissez-faire; serviciile comerciale favorizau cercetarea bazată pe produse mai degrabă decât pe tehnologie sau pe nevoile consumatorilor; discuțiile și deciziile privind comercializarea inovațiilor durau luni de zile, ceea ce însemna o pierdere de timp prețios. Uneori, reprezentanții de vânzări care respingeau o inovație fără analiză le cereau cercetătorilor să o dezvolte câteva luni mai târziu (criză de birocrație).

Pentru a rezolva această criză de control, Colby H. Chandler a fost numit director general al Kodak în mai 1983 și a rămas în această funcție până în iunie 1990. El a fost responsabil de o redefinire a sarcinilor și funcțiilor de conducere. Soluția la criza birocrației avea să fie vizibilă abia după falimentul din ianuarie 2012.

FAZA DE COLABORARE

Confinată pe piața profitabilă a filmelor fotografice timp de mulți ani, Kodak a intrat târziu pe piața digitală și nu a avut succes cu linia sa de produse EasyShare. Începând cu 2007, compania s-a confruntat cu dificultăți financiare. Ca răspuns, a decis să își vândă brevetele, să își restructureze departamentele, să încheie noi parteneriate, să se despartă de mai mulți asociați din întreaga lume și să renunțe la activitatea sa tradițională (filmul fotografic) pentru a se concentra mai mult pe tehnologiile moderne (fotografia digitală și cinematograful).

Din nefericire, toate aceste eforturi nu au adus rezultatele scontate. În ianuarie 2012, compania a fost plasată sub protecția legislației americane privind falimentul. La un an după ce a depus cererea de faliment și a închis 13 fabrici, Kodak a luat-o de la capăt cu 8 500 de angajați. Pregătită din punct de vedere tehnic, compania a dezvoltat aplicații (încă în faza de prototip) pentru a reveni în centrul atenției. Cu toate acestea, ar fi avut nevoie de mai multe inovații și de lideri inspiraționali și motivaționali pentru ca redresarea timidă să dureze.

În acest moment, Kodak oferă o linie unică de imprimante cu jet de cerneală. Aceste imprimante de ultimă generație au un scanner care poate servi drept fotocopiator și permit imprimarea la costuri mai mici în comparație cu concurenți precum HP sau Epson.

REZUMAT

- Larry E. Greiner a arătat că o companie trece prin faze alternative de creştere şi de criză pe parcursul creşterii sale. Aceste perioade de schimbare sunt parte integrantă a unei organizaţii. Pentru a-şi asigura durabilitatea, organizaţia trebuie să încorporeze conceptul de ciclu de viaţă şi să îl utilizeze pe deplin pentru a obţine beneficii şi a se afirma pe piaţă.

- Cele cinci faze ale ciclului de viaţă al unei companii sunt:

  - creativitate;

  - direcţia;

  - delegaţie;

  - coordonare;

  - colaborare.

- În ciuda paralelelor incontestabile dintre ciclul de viaţă al afacerilor şi cel al oamenilor, unele companii nu pot trece prin ultima fază a ciclului de creştere: declinul sau moartea.

- Deşi modelul de creştere Greiner este mai degrabă un cadru de analiză decât un instrument operaţional, modelul echilibrului punctat arată că este posibil să se depăşească aceste abordări în ceea ce priveşte anumite cicluri de schimbare, în special în cazul modelului creat de Andrew Pettigrew.

- În cele din urmă, povestea companiei Kodak arată că inovarea și schimbarea sunt factori-cheie în succesul unei companii.

LECTURI SUPLIMENTARE

BIBLIOGRAFIE

Atamer, T. şi Calori, R. (1998) *Diagnostic şi decizii strategice.* Paris: Dunod.

Barthélemy, J. (1999) L'externalisation : une forme organisationnelle nouvelle. *Actes de la huitième conférence de l'Association internationale de management stratégique.*

Demers, C. (2007) *Teorii ale schimbării organizaţionale: A Synthesis.* Thousand Oaks: Sage Publications, Inc.

Desreumaux, A. (1996) Nouvelles formes d'organisation et évolution de l'entreprise. *Revue française de gestion.* pp. 86-108.

Deval, E. şi Nury, G. (2009) *La notion de cycle biologique intégrée par le management.* Valence: Institut Supérieur Technologique Montplaisir.

Gersick, C. (1991) Revolutionary Change Theories: A Multilevel Exploration of the Punctuated Equilibrium Paradigm. *The Academy of Management Review.* Volumul 16, pp. 10-36.

Giordani, Y. (1995) Management strategic şi schimbare organizaţională: ce reprezentări? *Les nouvelles formes organisationnelles.* Paris: Economica. pp. 161-179.

Gould, S. J. (1990) *Degetul mare al lui Panda.* Londra: Penguin.

Greiner, L. E. (1972) Evolution and Revolution as Organizations Grow. *Harvard Business Review.* pp. 37-46.

Henriet, B. (1999) La gestion des ressources humaines face aux transformations organisationnelles. *Revue française de gestion.* pp. 82-93.

Lemaire, L. (2003) *Systèmes de gestion intégrés. Des technologies à risques?* Paris: Éditions Liaisons.

Mintzberg, H., Thomas, J. M. și Bennis, W.G. (1972) *Strategy Safari: Managementul schimbării şi al conflictului.* New York: The Free Press.

Peretti, J.-M. (1998) *Ressources humaines et gestion du personnel.* Paris: Vuibert.

Perret, V. (fără dată) *Rythme et processus de changement : processus incrémental ou révolutionnaire.* Dossier Management du Changement et TIC. [Online]. [Accesat la 23 decembrie 2014]. Disponibil la: < http://dea128fc.free.fr/CoursA/A2-ManagementChangement&TIC/expo/valery/DEA128FC-Processus%20incr%E9mental%20et%20r%E9volutionnaire.pdf>.

Perret, V. și Josserand, E. (2003) *Le paradoxe. Penser et gérer autrement les organisations.* Paris: Éditions Ellipses.

Pettigrew, A. (1987) Context and Action in the Transformation of the Firm. *Journal of Management Studies.* 24(6), pp. 649-670.

Quinn, J. B. (1980) *Strategii pentru schimbare: Logical Incrementalism.* Homewood, Illinois: Richard D. Irwin, Inc.

Reix, R. (1990) L'impact organisationnel des nouvelles technologies de l'information. *Revue française de gestion.* pp. 100-106.

Romanelli, E. și Tushman, M. (1996) Inerţia, mediile şi alegerea strategică: A Quasi-Experimental Design for Comparative Longitudinal Research. *Ştiinţa managementului.* 32(5), pp. 608-621.

SURSE SUPLIMENTARE

Mullins, L. J. (2016) *Management and Organisational Behaviour*. Edinburgh: Pearson.

- 37 -

Vrem să auzim de la tine!
Lasă un comentariu despre biblioteca ta online
şi împărtăşeşte cărţile tale preferate pe reţelele de socializare!

Master ISBN: 9782808600941
Hârtie ISBN: 9782808602396
Depozit legal: D/2022/12603/240

Design digital: Primento,
partenerul digital al editurilor.